I0013750

Amine Ryane

Automatisation du Project Management Office

Amine Ryane

Automatisation du Project Management Office

Éditions universitaires européennes

Impressum / Mentions légales
Bibliografische Information der Deutschen Nationalbibliothek: Die Deutsche Nationalbibliothek verzeichnet diese Publikation in der Deutschen Nationalbibliografie; detaillierte bibliografische Daten sind im Internet über http://dnb.d-nb.de abrufbar.
Alle in diesem Buch genannten Marken und Produktnamen unterliegen warenzeichen-, marken- oder patentrechtlichem Schutz bzw. sind Warenzeichen oder eingetragene Warenzeichen der jeweiligen Inhaber. Die Wiedergabe von Marken, Produktnamen, Gebrauchsnamen, Handelsnamen, Warenbezeichnungen u.s.w. in diesem Werk berechtigt auch ohne besondere Kennzeichnung nicht zu der Annahme, dass solche Namen im Sinne der Warenzeichen- und Markenschutzgesetzgebung als frei zu betrachten wären und daher von jedermann benutzt werden dürften.

Information bibliographique publiée par la Deutsche Nationalbibliothek: La Deutsche Nationalbibliothek inscrit cette publication à la Deutsche Nationalbibliografie; des données bibliographiques détaillées sont disponibles sur internet à l'adresse http://dnb.d-nb.de.
Toutes marques et noms de produits mentionnés dans ce livre demeurent sous la protection des marques, des marques déposées et des brevets, et sont des marques ou des marques déposées de leurs détenteurs respectifs. L'utilisation des marques, noms de produits, noms communs, noms commerciaux, descriptions de produits, etc, même sans qu'ils soient mentionnés de façon particulière dans ce livre ne signifie en aucune façon que ces noms peuvent être utilisés sans restriction à l'égard de la législation pour la protection des marques et des marques déposées et pourraient donc être utilisés par quiconque.

Coverbild / Photo de couverture: www.ingimage.com

Verlag / Editeur:
Éditions universitaires européennes
ist ein Imprint der / est une marque déposée de
OmniScriptum GmbH & Co. KG
Heinrich-Böcking-Str. 6-8, 66121 Saarbrücken, Deutschland / Allemagne
Email: info@editions-ue.com

Herstellung: siehe letzte Seite /
Impression: voir la dernière page
ISBN: 978-3-8417-9753-7

Dédicaces

Ce travail est destiné à toutes les personnes chères à mon cœur, à commencer par ma femme chérie Kenza, mes parents, auxquels je souhaite une longue et heureuse vie. Vient juste après le reste de la famille : Ma chère sœur et son mari, mon petit neveu Youssef, mes grands-parents, mes tantes et mes oncles...C'est bien leur amour et leurs encouragements qui m'aident à tenir bon.

Au-delà du cadre familial, on rencontre des personnes qui elles aussi embellissent notre vie, ce sont nos amis et nos professeurs.

Le respect de l'autre et le partage de l'information, qu'on apprend à leurs côtés sont les règles de base d'une vie en communauté épanouie.

Chacune de ces personnes est une raison d'être pour moi, je leur souhaite santé, bonheur et prospérité.

Amine RYANE

<u>Résumé</u>

Dans cet ouvrage, il sera question de présenter le fruit d'une mission de quatre mois de travail au sein d'un Organisme Financier (OF), ayant comme objectif d'optimiser le traitement de la gestion et le suivi des projets.

Vu l'ampleur des projets que les responsables de l'OF ont en charge, il était indispensable d'avoir un système informatique permettant le suivi et le contrôle de ces projets.

Dans ce contexte, j'ai conçu et réalisé une application qui, d'une part, prend en charge l'enregistrement et le contrôle de toutes les données concernant les projets gérés par l'OF et d'autre part, fournit des reportings qui permettent d'effectuer le suivi de ces projets à travers des indicateurs d'évolution. En effet, l'informatisation du processus de gestion de projet et de reporting va engendrer plusieurs avantages à l'organisme, à savoir la simplicité des procédures et la crédibilité des résultats obtenus, ce qui mènera vers une meilleure prise de décision.

Le présent ouvrage vise à expliquer la démarche que j'ai adoptée tout au long de cette réalisation, ainsi que les différents choix techniques effectués.

Table des matières

Table des figures

Liste des abréviations

Abréviation	Signification
OF	Organisme Financier
DSDI	La Direction Stratégie, Développement et Innovation
DG	La Direction Générale
JSF	Java Server Faces
UML	Unified Modeling Language
PMO	Project Management Office
EMI	Ecole Mohammadia d'Ingénieurs
IDE	Interface de Développement Intégré
IHM	Interface Homme Machine
J2EE	Java to Entreprise Edition
MVC	Model View Controller
SGBD	Système de Gestion de Base de Données

INTRODUCTION

L'évolution actuelle du monde informatique oblige les entreprises à améliorer leurs prestations et services afin d'optimiser l'utilisation des ressources tout en consommant moins de temps. De ce fait, de nombreuses initiatives ont été menées par des grandes entreprises marocaines afin de garantir une panoplie de services automatisés de qualité d'une manière fluide et intelligente.

Faisant partie de ces entreprises, l'OF accueillant, et plus particulièrement la Direction Stratégie, Développement et Innovation (DSDI), a mené une démarche d'automatisation de son PMO pour assurer une meilleure fiabilité de service qui permettra de bénéficier d'un flux de production plus stable et plus cohérent pour des résultats de meilleure qualité et un gain de temps souvent considérable se répercutant essentiellement sur une bonne gestion de projet et un reporting efficace.

Vu l'atout qu'apporte cette automatisation du PMO à la DSDI, vis-à-vis de l'ensemble des parties prenantes dans la gestion et le reporting des projets, son maintien exige le respect des engagements adoptés dans l'ancien processus. Et c'est dans ce cadre où s'inscrit ma mission avec l'objectif de mettre en place une application de gestion de projet et de suivi de reporting continu.

L'automatisation du processus permettra ainsi d'apporter :

- Une meilleure traçabilité de l'ensemble des activités de la DSDI afin d'accroître son efficacité ;
- Une meilleure définition des responsabilités des acteurs afin de faire prendre conscience des droits et devoirs de chacun ;

- Une diminution de temps de prise de décision, et l'apport de la crédibilité aux résultats obtenus pour l'ensemble des évolutions projet.

Dans le premier chapitre de cet ouvrage, je vais présenter l'organisme d'accueil et la direction dans laquelle s'est effectué la mission, je vais, par la suite, exposer le contexte général du projet ainsi que l'analyse et l'étude de l'existant. L'étude conceptuelle du projet fera l'objet du deuxième chapitre. Finalement, le troisième chapitre sera consacré à une étude technique et traitera aussi la phase de réalisation et de mise en œuvre du projet.

Chapitre 1 : Contexte général

Dans ce chapitre, il sera question de présenter l'organisme d'accueil l'OF, la direction dans laquelle s'est effectué la mission, l'étude de l'existant, l'objectif fixé et la méthodologie de conduite de projet adoptée.

1. L'ORGANISME D'ACCUEIL : OF

1.1. Direction Stratégie, développement et innovation :

La Direction stratégie, développement et innovation (DSDI) (figure1-1) est rattachée à la Direction générale de OF. Elle a pour mission de mener les études, analyses et réflexions sur les sujets stratégiques du groupe. Ainsi, elle est chargée d'élaborer le plan stratégique moyen terme et de le décliner en chantiers stratégiques pour l'ensemble des entités du groupe.

Ces chantiers stratégiques sont suivis dans le cadre du PMO (Project Management Office) qui constitue un outil de pilotage pour la Direction générale.

Par ailleurs, la Direction est fortement impliquée dans la réflexion autour de l'innovation et participe aux chantiers de lancement de nouveaux produits.

Enfin, la Direction participe au processus annuel d'élaboration des budgets et suit les performances sur les différents segments de clientèle.

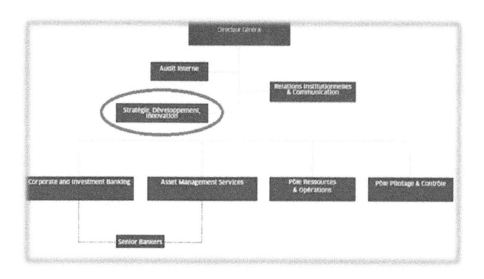

Figure-1.1: Organigramme de l'OF

11

2. ETUDE DE L'EXISTANT :

A travers les ateliers d'étude de l'existant menés avec l'équipe de la DSDI, la gestion de projet et du reporting se fait d'une manière qui n'est pas proactive ; elle se base essentiellement sur des livrables sous format de fichier Excel et PowerPoint sous la supervision du PMO.

2.1. Définition du PMO :

Le PMO est l'entité ou le groupe dans une entreprise qui définit et maintient le référentiel des processus liés à la gestion de projet. Il a pour objectif de standardiser et d'industrialiser les projets. Le PMO a en charge la documentation, le tutorat et l'évaluation de la gestion des projets, ainsi que le suivi de la mise en œuvre.

2.2. Scénario existant avant l'automatisation du PMO :

Le processus suivi avant l'automatisation du PMO se déroule comme suit :

1. La DSDI initie la création d'un nouveau projet au niveau d'un fichier Excel, elle mentionne le chef de projet et prend en charge de communiquer ledit fichier au chef de projet désigné sous un canal non spécifique (Envoi par mail ou par clé USB). Ce dernier assure la saisie des informations dans le détail et complète ainsi la signalétique du nouveau projet au niveau du même fichier Excel communiqué.
2. Le chef de projet assure le reporting des étapes réalisées au niveau d'un fichier PowerPoint. Il se fixe des dates limite d'une manière manuelle pour renseigner la date du prochain état d'avancement, il saisit aussi l'ensemble des étapes qui restent ainsi que les retards à prévoir et le niveau de finalisation global. Tous ces éléments sont saisit manuellement.
3. Une fois accompli, l'ensemble les livrables générés par le chef de projet sont envoyés par mail à la DSDI qui les envois à son tour à la Direction générale.

Cette dernière, peut à tout moment commenter un projet donné dans le fichier Excel qui lui correspond et l'envoyer par la suite à la DSDI. Le schéma (Figure 1.2) représente brièvement le processus décrit ci-dessus.

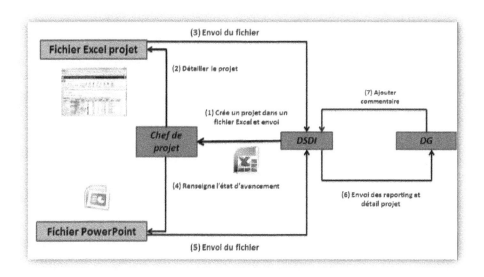

Figure-1.2 : processus de gestion de projet et de reporting existant

3. **PROBLEMATIQUE :**

Les étapes par lesquelles passe un projet consomment beaucoup en termes de mémoire des ressources utilisées, du fait de l'utilisation de multiples fichiers Excel et PowerPoint dispersés entre les différentes parties prenantes dans le PMO, ceci génère une inefficacité en terme de cohérence et de dépendance pour la totalité des livrables.

A cet égard, l'élaboration d'un moyen optimal s'avère primordiale pour assurer l'ensemble de ces tâches de gestion et de reporting d'une manière automatisée, fluide et rapide.

4. OBJECTIF :

Tout le monde fait, malheureusement, des erreurs, surtout en accomplissant des tâches complexes et répétitives. Les erreurs sont d'autant plus inévitables si l'on rajoute le facteur stress, fatigue ou ennui. C'est alors que l'automatisation entre en jeu. Un processus automatisé et correctement configuré ne laissera aucune place à l'erreur. Il exécutera les tâches programmées. Cette fiabilité permettra de bénéficier d'un flux de suivi plus stable et plus cohérent pour des résultats de meilleure qualité et un gain de temps souvent considérable se répercutant essentiellement sur une bonne gestion de projet et un reporting efficace.

Par ailleurs, après avoir analysé l'expression des besoins, tout en tenant compte des problèmes rencontrés par l'ancien processus de gestion de projet et du reporting, je me suis fixé comme objectif d'automatiser le processus en question sous format d'une application web pour permettre aux différentes parties prenantes de mieux accomplir leurs tâches dans un cadre simple et efficace. En effet, mon application englobe un ensemble de modules service qui assurent différentes fonctionnalités d'une manière centralisée, optimale et automatisée. Elle va permettre, suivant le rôle de la personne authentifiée, d'avoir accès à l'ensemble des services qui lui sont attribués de façon à ce qu'elle puisse interagir avec l'application d'une manière fluide et interactive.

5. METHODE DE CONDUITE DE PROJET ADOPTEE :

5.1. Méthodologie adoptée: SCRUM

J'ai choisi Scrum comme méthodologie de conduite de mon projet du fait qu'il assure la possibilité d'être toujours en contact avec le client tout en assurant des livraisons fréquentes, satisfaisant ses attentes et ses besoins. Les travaux effectués en adoptant Scrum sont ajustés régulièrement au cours des étapes de la réalisation notamment à la fin de chaque itération. Ces itérations sont appelée "Sprint".

5.2. Principe :   [WEB 02]

Le principe de base de Scrum étant d'être toujours prêt à réorienter le projet au fil de son avancement. C'est une approche dynamique et participative de la conduite du projet.

La méthode Scrum est conforme aux principes des méthodes agiles. Il privilégie la livraison rapide d'un prototype opérationnel afin que les clients, donneurs d'ordre et membres de l'équipe puissent l'évaluer.

Cette démarche participative active est un atout fondamental. Elle garantit pour le client le juste équilibre entre l'investissement prévu et le produit finalement livré. L'étude du prototype permet l'évaluation des fonctionnalités réalisées et facilite ainsi, la réflexion commune sur l'opportunité de futurs développements. D'autre part, l'étroite intimité entre les clients utilisateurs et les prestataires développeurs facilitent l'appropriation future de l'outil.

➔Le projet est découpé en versions (releases), elles-mêmes divisées en itérations (appelées Sprint).

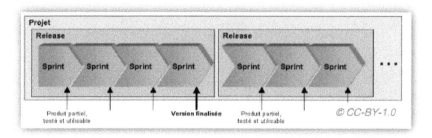

Figure-1.3- Découpage adopté pour un projet donné sous Scrum

Pour réussir un projet sous Scrum il est conseillé de passer par un ensemble d'étapes énumérées ci-dessous :   [WEB 03]

15

Etape1 :

Dans cette étape il est question d'établir un planning, qui va être considéré comme une feuille de route, pour la réalisation du projet en déterminant le backlog, les jalons, le choix des outils et des infrastructures logistique, le budget, ainsi que l'estimation du coût.

Etape2 :

Dans la deuxième étape il faut établir les sprints de développement ainsi que ceux d'analyse, de conception et codage.

Etape3 :

C'est l'étape de finalisation et dans laquelle il faut assurer une intégration du livrable ainsi que de la mise à la disposition du client d'un manuel d'utilisation.

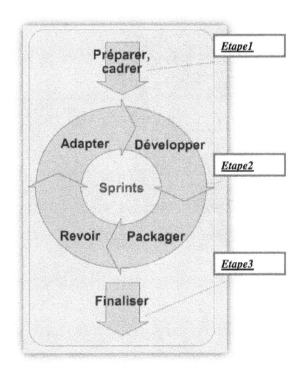

Figure-1.4- Ensemble des étapes d'un planning adopté pour réaliser un projet selonScrum.

6. DIAGRAMME DE GANTT :

Disposant de quatre mois pour effectuer la mission, j'ai opté pour une planification dès le début du projet, ce qui m'a permis de dresser un inventaire des tâches à accomplir. J'ai donc estimé la durée et la dépendance des tâches en fonction de l'expérience acquise lors de mes précédents stages et projets académiques.

Le diagramme de Gantt ci-dessous représente les différentes itérations de mon projet avec leurs taux de finalisation.

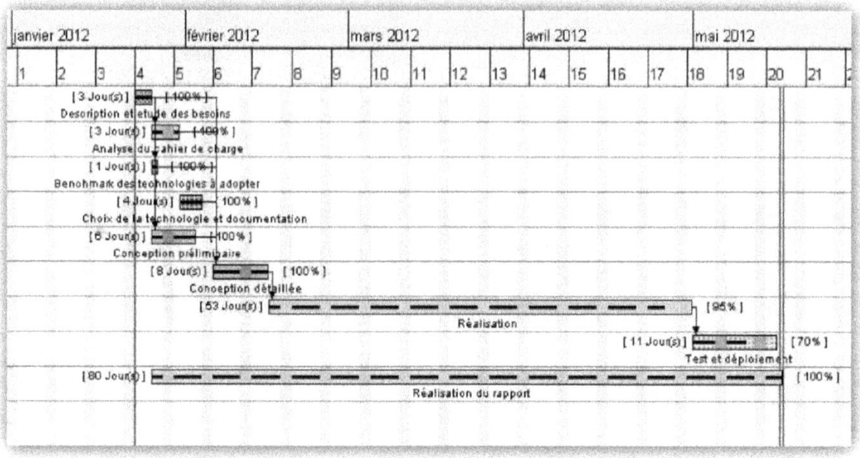

Figure-1.5-Diagramme de Gantt représentant l'avancement de mon projet

Conclusion

Dans ce chapitre, j'ai présenté l'organisme d'accueil, cité les limites du système actuel, la solution que j'ai proposée ainsi que le processus adopté pour la conduite de projet que je vais utiliser.

18

Chapitre 2 : Conception et spécification des besoins

Le présent chapitre présentera la phase de conception et de spécification des besoins. Je vais aborder l'étude conceptuelle dans laquelle il sera sujet d'identifier les acteurs du système, ainsi que les besoins fonctionnels de mon application.

4. ETUDE PRELIMINAIRE :

Une fois identifiés et structurés, les besoins techniques et fonctionnels définissent le contour du système à modéliser et permettent d'identifier ses principales fonctionnalités.

Je vais m'intéresser durant cette étape à l'identification des acteurs et leurs descriptions, et ce à travers, la présentation de la conception de l'application développée, suivant le formalisme UML.

1.1. Identification des acteurs

Un acteur représente une abstraction d'un ensemble de rôles joués par des entités externes et qui interagit directement avec le système (Utilisateur, autre système, dispositif etc…).
Pour l'application sujet d'ouvrage, les acteurs que j'ai pu énumérer sont :

→ Chef de projet

→ DSDI

→ Direction générale

→ Administrateur

1.2. Description des acteurs

Le tableau ci-dessous contient la description des acteurs :

Acteur	Description
Administrateur	Cet acteur est le super administrateur appartenant à la DSDI. Son rôle est de gérer les utilisateurs, les règles d'accès

	aux services, les organisations ainsi que le paramétrage d'envoi de mail.
DSDI	Cet acteur dispose d'un nombre important de fonctionnalités, allant de la création des projets à la validation de leurs reporting.
Chef de projet	Cet acteur dispose de fonctionnalités fondamentales complémentaires pour la DSDI.
Direction générale	Cet acteur supervise le suivi global de l'avancement des différents projets.

5. CAPTURE DES BESOINS FONCTIONNELS :

J'ai conçu et réalisé mon projet en quatre sprints qui s'intéressent essentiellement aux différentes étapes de réalisation de projet, la gestion du compte rendu réunion, le reporting projet ainsi que la partie administration.

Je vais commencer dans cette partie par l'identification des cas d'utilisation par sprint et par acteur. Je présenterais aussi les différents diagrammes de classes établies par sprint.

2.2. Description générale des diagrammes utilisés :

2.2.1. *Diagramme Use Case :*[WEB 04]

Les diagrammes de cas d'utilisation sont des diagrammes UML utilisés pour donner une vision globale du comportement fonctionnel d'un système logiciel. Un cas d'utilisation représente une unité discrète d'interaction entre un utilisateur (humain ou machine) et un système. Il est une unité significative de travail. Dans un diagramme de cas d'utilisation, les utilisateurs sont appelés acteurs (actors), ils interagissent avec les cas d'utilisation (use cases).

2.2.2. *Diagramme de classes :*[WEB 05]

Un diagramme de classes présente un ensemble des classes et d'interfaces avec leurs relations. Ce diagramme peut se présenter dans la phase d'analyse et de conception.

En effet, dans la phase d'analyse, le diagramme de classe met en œuvre seulement les classes qui servent à décrire les objets de l'application. Or dans la phase de conception, le diagramme de classe contient toutes les classes utiles en terme de dépendance afin d'assurer le fonctionnement de l'application.

2.3. 1er sprint : Gestion de projet

Diagramme Use Case :

Le tableau ci-dessous contient une classification des cas d'utilisation par acteur dans le sprint de gestion de projet:

Acteur	Cas d'utilisations
DSDI	✓ Créer projet ✓ Renseigner le calendrier en cas de modification
Chef de projet	✓ Détailler projet
Direction générale	✓ Commenter projet

Le diagramme UseCase (figure2.1) présente les différents cas d'utilisations qui rentrent dans le module de gestion de projet ainsi que l'ensemble des parties prenantes qui interagissent avec le module. En effet, un projet est créé par la DSDI, en premier lieu, et reste en état d'attente de complétude de détails, à renseigner par le chef de projet concerné. A ce stade, ladite fiche renseignant les informations projet n'est pas visualisable pour la DG.

Une fois détaillé, le projet peut être consulté par la DG afin d'ajouter un commentaire sur son avancement et par la DSDI pour renseigner à tout moment une modification du calendrier sur l'évolution des étapes du projet.

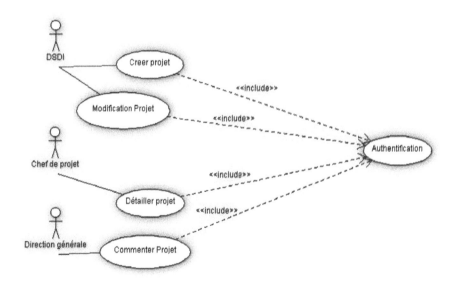

Figure-2.1- : Diagramme Use Case pour le sprint Gestion de Projet

Pour mieux comprendre le déroulement des actions menées par les acteurs dégagés dans ce sprint, j'ai établi quelques diagrammes de séquences illustrant l'ensemble des étapes explicatives par lesquelles passe un cas d'utilisation donné.

✓ Création de projet :

C'est la DSDI qui prend en charge la création du projet en renseignant un ensemble d'informations nécessaires et qui seront complétées par la suite par le chef de projet.

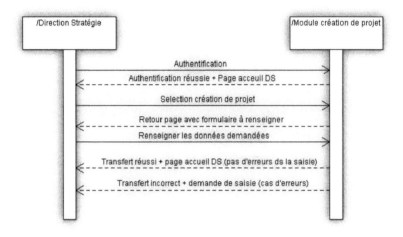

Figure-2.2 : Diagramme de séquence pour la création de projet

24

✓ Ajouter commentaire pour la Direction Générale :

Ce module permet à la DG d'ajouter des commentaires pour un projet tout au long de sa réalisation.

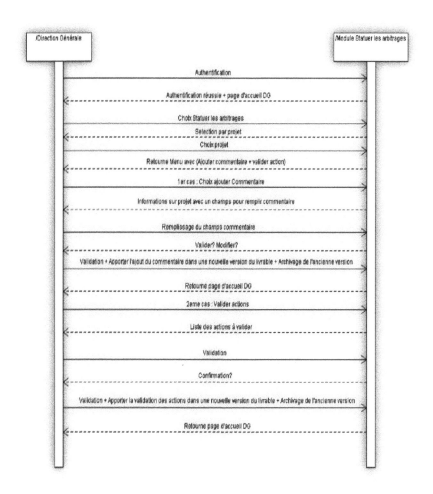

Figure-2.3- : Diagramme de séquence pour ajout de commentaire projet (DG)

Le diagramme de classe (figure2.4) établit durant cette partie met en relief l'ensemble des parties prenantes pour la gestion du projet formées par des classes de spécialisation de la classe qui représente les utilisateurs (chef de projet, DSDI, direction générale) et représente aussi la classe projet ainsi que la classe étape.

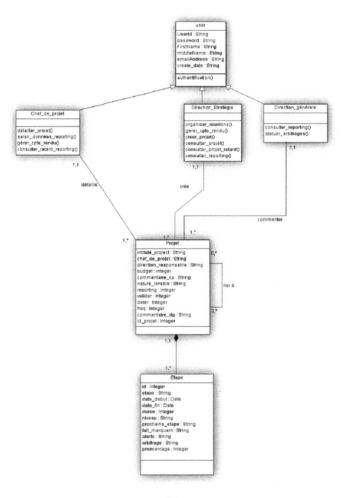

La création du projet est faite en premier temps par la DSDI qui définit un certain nombre d'informations à savoir : l'intitulé du projet, la fréquence du reporting, le chef de projet concerné et la direction responsable. Une fois validé par la DSDI, le chef de projet concerné reçoit un mail de notification qui lui demande de finir le reste des informations tel que le budget, la nature des livrables, les projets qui lui sont liés ainsi que les étapes et leurs détails.

2.4. 2ème sprint : Reporting

Le tableau ci-dessous contient une classification des cas d'utilisation par acteur:

Acteur	Cas d'utilisations
DSDI	✓ Valider reporting ✓ Consulter les reportings validés
Chef de projet	✓ Créer reporting ✓ Modifier reporting
Direction générale	✓ Consulter les reportings validés

Diagramme Use Case :

Le diagramme Use Case suivant (figure2.5) représente les différents cas d'utilisation ainsi que les fonctions que doit satisfaire le système de gestion de reporting allant de la création de reportings, jusqu'à leurs validation.

27

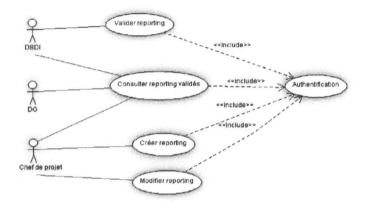

Figure-2.5- : Diagramme Use Case pour le sprint de Gestion de Reporting

En effet, le chef de projet représente l'acteur principal dans ce module de gestion de reporting, il renseigne en grande partie l'ensemble des informations de suivi de ses projets et notifie automatiquement la DSDI par mail. Il peut aussi modifier son reporting tant que la DSDI ne l'a pas encore validé, il s'agit bien d'un Workflow développé.

Diagramme de classes :

Le diagramme de classe (figure2.6) que j'ai réalisé illustre l'ensemble des classes intervenantes dans le système de gestion de reporting et met en perspective les besoins spécifiques cités dans le cahier de charge pour ce module.

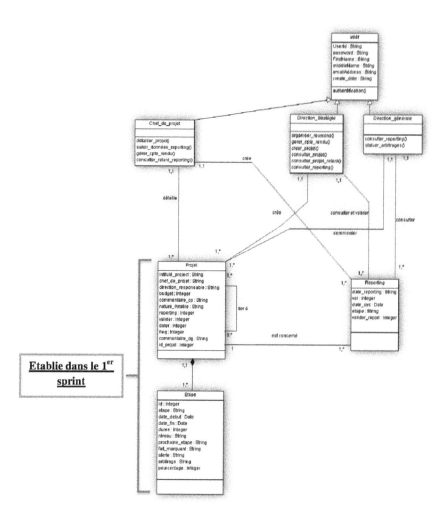

Figure-2.6- : Diagramme de classe pour le module de Gestion de Reporting

Durant l'étape de reporting, le chef de projet renseigne les différentes informations concernant l'état d'avancement de son projet, à savoir le taux de finalisation, les anomalies, les arbitrages…

Pour cela j'ai utilisé la classe reporting. Elle contient les différents attributs de reporting décrits dans le cahier de charge et a des liens, éventuellement, avec les classes étapes et projet, conçus dans le 1er sprint.

2.5. 3ème sprint : Réunion et Compte rendu

Le tableau ci-dessous contient une classification des cas d'utilisation par acteur:

Acteur	Cas d'utilisations
DSDI	✓ Créer compte rendu ✓ Valider compte rendu ✓ Consulter les comptes rendus validés ✓ Créer une réunion
Chef de projet	✓ Ajouter commentaire ✓ Consulter les comptes rendus validés
Direction générale	✓ Consulter les comptes rendus validés

Diagramme Use Case :

Le présent diagramme Use Case (figure2.7) représente les différents cas d'utilisation ainsi que les fonctions que doit satisfaire le système de gestion de compte rendu.

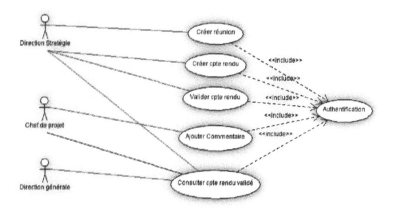

Figure-2.7- : Diagramme Use Case pour le sprint de Gestion de réunion et de compte rendu

Ce module est géré en grande partie par la DSDI, il offre la possibilité de choisir entre la création d'une réunion ou de renseigner un compte rendu réunion. Ci-dessous le diagramme de séquence représentant la gestion des comptes rendu.

31

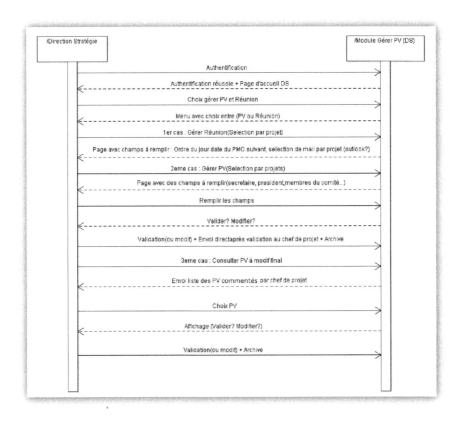

Figure-2.8- : Diagramme de séquence pour la gestion de réunion et de compte rendu(DS)

Diagramme de classes :

Ce diagramme de classe (figure2.8) illustre l'ensemble des classes intervenantes dans le système de gestion de compte rendu à savoir les utilisateurs (Chef de projet, DSDI et DG) et la classe pour la gestion de compte rendu.

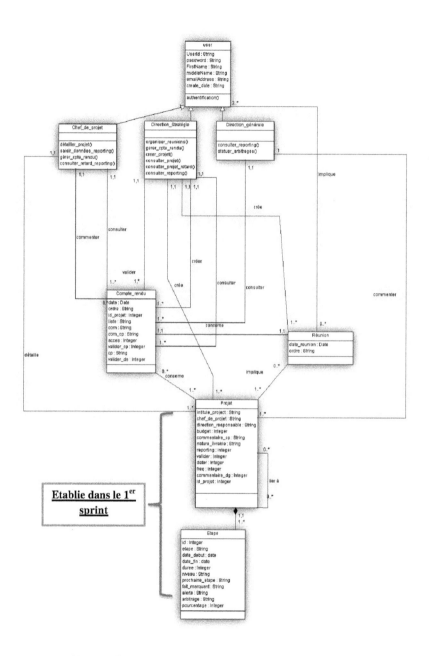

Figure-2.9- : Diagramme de classe pour le sprint de Gestion de compte rendu

En effet, la DSDI renseigne un certain nombre d'informations pour la gestion de comptes rendus et de réunions en utilisant la table compte rendu et la table réunion tout en faisant appel aux classes déterminées dans le 1ᵉʳsprint.

2.6. 4ème sprint : Gestion rôles, directions et paramétrage de mail

Le tableau ci-dessous contient une classification des cas d'utilisation par acteur:

Acteur	Cas d'utilisations
Administrateur	✓ Gérer utilisateur
	✓ Paramétrer serveur mail
	✓ Gérer direction
	✓ Gérer rôle

Diagramme Use Case :

Le présent diagramme Use Case (figure2.9) représente les différents cas d'utilisation des fonctions d'administration.

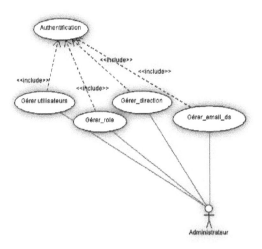

Figure-2.10- : Diagramme Use Case pour le sprint d'administration

34

Ce module est géré par l'administrateur, il offre la possibilitéde choisir entre la gestion d'utilisateurs, la gestion des directions ainsi que le paramétrage du serveur mail.

Diagramme de classes :

Ce diagramme de classe (figure2.10) illustre l'ensemble des classes intervenantes dans le système d'administration.

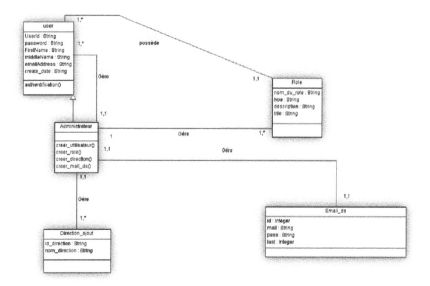

Figure-2.11- : Diagramme de classe pour le sprint d'administration

En effet, l'administrateur ajoute des utilisateurs en renseignant un certain nombre d'informations (FirstName, MiddleName, emailAddress, password...) leur affecte une direction et un rôle. Par ailleurs, il peut aussi renseigner l'ensemble des informations nécessaires pour le paramétrage du serveur mail.

Conclusion

Dans ce chapitre, j'ai essayé de faire l'étude fonctionnelle de mon application afin de déterminer les différents intervenants de l'application ainsi que les services que je dois fournir.

Chapitre 3 : Réalisation

Le but de ce chapitre est de présenter la plate-forme J2EE, adoptée pour la réalisation de mon projet, et exposer une présentation des outils utilisés ainsi que les différents portlets réalisés.

1. CHOIX DE L'ENVIRONNEMENT DE DEVELOPPEMENT :

1.1. Platforme J2EE [WEB 08]

La plate-forme J2EE est :

- Une infrastructure moderne orientée objet pour la construction d'applications d'entreprise multi niveau et réparties;
- Unestratégie technologique viable pour le développement, le déploiement et la gestion des logiciels d'entreprise;

Le tableau suivant résume les différents avantages et inconvénientsde la plateforme J2EE.

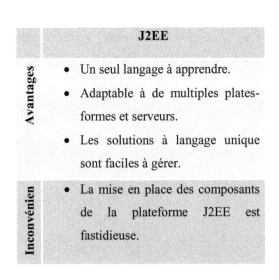

	J2EE
Avantages	<ul><li>Un seul langage à apprendre.</li><li>Adaptable à de multiples plates-formes et serveurs.</li><li>Les solutions à langage unique sont faciles à gérer.</li></ul>
Inconvénien	<ul><li>La mise en place des composants de la plateforme J2EE est fastidieuse.</li></ul>

Figure-3-1 : Avantages et inconvénients de la plateforme J2EE

Le choix d'une plateforme de développement s'est fait sur la base de trois principales considérations, à savoir, la facilité de développement et de maintenance, la garantie de portabilité et d'évolutivité ainsi que la gratuité des outils

1.2.   Frameworks utilisés :

L'utilisation des Framework est indispensable pour le développement réussi d'un logiciel.Dans ce qui suit, nous allons présenter les principaux Framework Open Source utilisés.

a) Le Framework JSF :   [WEB 09]

Java Server Faces est un Framework de développement d'applications Web en Java permettant de respecter le modèle d'architecture MVC et basé sur des composants côté présentation et application.

Le paradigme MVC est un schéma de programmation qui propose l'organisation de l'application en 3 parties :

- le modèle qui contient la logique et l'état de l'application ;
- la vue qui représente l'interface utilisateur ;
- le contrôleur qui gère la synchronisation entre la vue et le modèle.

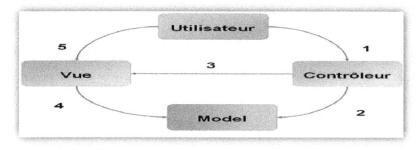

Figure-3-2 : Modèle MVC

Java Server Faces permet d'avoir :

- Une séparation de la couche présentation des autres couches (MVC) ;

39

- Un mapping entre l'HTML et l'objet ;
- Un ensemble de composants riches et réutilisables ;
- Une liaison simple entre les actions côté client de l'utilisateur et le code Java côté serveur ;

Ces principaux avantages sont :
- Il permet de combiner plusieurs composants pour aboutir à un composant plus complexe ;
- JSF ne se limite pas à l'HTML (XUL, Flash, …) ;
- Accès aux Beans par leurs noms en utilisant les Expressions Language ;
- Simplification du fichier de configuration ;
- L'orientation des composants graphiques permet à JSF d'être utilisé de manière plus simple dans les environnements de développement.

b) Framework Hibernate :   [WEB 10]

Hibernate est un framework open source gérant la persistance des objets en base de données relationnelle.Il est adaptable en termes d'architecture, il peut donc être utilisé aussi bien dans un développement client lourd, que dans un environnement web léger de type Apache Tomcat ou dans un environnement J2EE complet : WebSphere, JBoss Application Server et Oracle WebLogic Server.

Hibernate apporte une solution aux problèmes d'adaptation entre le paradigme objet et les SGBD en remplaçant les accès à la base de données par des appels à des méthodes objet de haut niveau.

Non seulement, Hibernate s'occupe du transfert des classes Java dans les tables de la base de données, mais il permet de requêter les données et propose des moyens de les récupérer.Il peut donc réduire de manière significative le temps de développement qui aurait été dépensé autrement dans une manipulation manuelle des données via SQL et JDBC.

Le but de ce Framework est de libérer le développeur d'une majorité des tâches de programmation liées à la persistance des données communes.

1.3.   Environnement de travail :

a) <u>IDE: Eclipse JEE Indigo</u>   **[WEB 11]**

Eclipse est un environnement de développement intégré libre extensible et polyvalent qui permet la création des projets avec n'importe quel langage. L'architecture d'Eclipse et totalement fondue sur la notion de plugin : c'est-à-dire que toutes les fonctionnalités de cet atelier logiciel sont développées en tant que plugin.

La version que nous avons utilisée (Java EE Indigo), c'est une version d'Eclipse permettant la création des projets Java EE et des applications web.

b) <u>Liferay IDE ET Liferay plugin SDK</u>   **[Manning, 2011]**

Liferay IDE est une extension pour la plateforme eclipse qui supporte le développement des plugins pour le portail Liferay. Cette extension est disponible sous forme de plugins installables à partir d'un entrepôt de mise à jour. Liferay IDE nécessite l'utilisation d'un pluginSDK de Liferay qui est un environnement de développement et de déploiement des plugins pour Liferay. Il existe quatre types de plugins Liferay :

- **Les portlets :** En général, un protlet est un composant web qui peut s'intégrer dans un conteneur de portlet (portail). Chaque portlet peut être considéré comme une application web. Les portlets se basent sur un API définie selon la spécification JSR 168 supportée par le portail Liferay. Liferay contient plusieurs portlets prédéfinis prêts à être utilisés.

- **Les Hooks :** Un Hook est une action qui peut être exécutée après un événement bien précis. Liferay donne la possibilité de développer des Hooks de plusieurs types par exemple : Hook avant ou après authentification, un événement après l'exécution d'un service…

- **Les thèmes :** Liferay donne la possibilité de création des thèmes qui permettent de contrôler l'interface IHM vue par l'utilisateur. De ce fait, l'interface de portail peut être complètement personnalisée. Aussi, liferay permet à chaque organisation d'avoir son propre thème personnalisé.

- **Layouttemplates :** Liferay permet de développer des plugins qui permettent de contrôler la disposition de la page. Sans oublier qu'il fournit des Layouts par défaut qui peuvent être utilisés.

c) Apache Ant[WEB 12]

Ant est un projet open source de la fondation apache écrit en java. Ant est l'abréviation de «AnotherNeatTool » en français « un autre chouette outil ». Ant est essentiellement utilisé pour L'automatisation des opérations répétitives au cours de développement (nettoyage de projet, compilation, génération de la documentation, versionning, test, déploiement…).

d) StarUML [WEB 13]

StarUML est un logiciel de modélisation UML qui est devenu open source après son exploitation commerciale sous une licence modifié de GNU GPL. StarUML permet de créer la plupart de diagramme UML 2.0 et propose plusieurs générateurs de codes. Il est écrit enDelphi, pour cela, il dépend des composants Delphi propriétaires, ce qui explique peut-être qu'il n'est plus mis à jour.

e) MySQL 5.0 [WEB 14]

MySQL est un système de gestion de base de données qui a une licence libre qui peut être propriétaire selon le type de l'application. Il est parmi les logiciels de gestion de base de données les plus utilisés au monde autant par le grand public à travers les applications web principalement que par de professionnels.

MySQL est un serveur de base de données relationnelles SQL multi-thread et multiutilisateur développé afin d'augmenter la performance de lecture des données. Ainsi il est orienté vers le service de données déjà en place que vers celui de mise à jour fréquentes et sécurisées.

f) BirtViewer [BIRT]

Le projet BIRT, Business Intelligence and Reporting Tools, est un outil de reporting très complet, qui permet de créer rapidement des états complexes. Il bénéficie du support de la très active communauté Eclipse. L'interface de l'outil de conception est plus intuitive que celles des autres générateurs d'états et permet aux utilisateurs de concevoir de nouveaux états en fonction de leurs besoins [Support de Formation Birt Fr V0.6]. A tout moment, le concepteur du ouvrage peut demander son exécution directement à partir des menus de BIRT. La prévisualisation se fait au format HTML ou PDF.

g) **TOS :Talend Open Studio** **[TOS FOUNDATION, 2008]**

Talend Open Studio (TOS) est un ETL open source et libre. Il permet de créer graphiquement des processus de manipulation et de transformation de données puis de générer l'exécutable correspondant sous forme de programme Java ou perl [Talend Open Studio Foundation V080721 (2008)].

Pour choisir Talendnous noussommes basés sur plusieurs critères, à savoir sa licence libre, une communauté Talend qui est très active, une documentation claire, une ergonomie conviviale, une multitude de composants et la possibilité d'étendre ses fonctionnalités avec du code Java ou Perl. Même s'il présente une lourdeur vu qu'il est gourmand en termes de mémoire vive.

1.4. Architecture logicielle de l'application: [WEB 15]

L'architecture 3-tiers est un modèle logique d'architecture applicative. Le but de ce modèle est de présenter le système comme un empilement de trois couches ou niveaux. La figure ci-dessous représente l'architecture 3-tiers dans le cas de l'application développée:

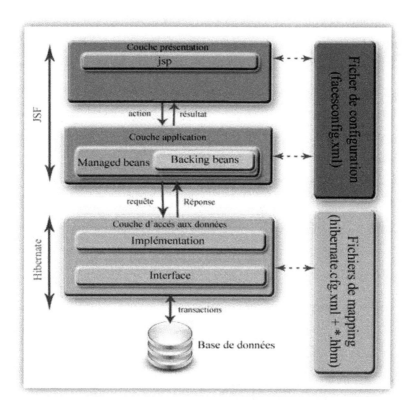

Figure-3-3 : Architecture logicielle de l'application

- Couche présentation :

Elle correspond à la partie visible interagissant directement avec le système. Elle gère les interactions avec les utilisateurs en reliant leurs requêtes avec la couche application.

Elle se sert des fichiers de configuration pour les rôles de navigation et les déclarations des classes Java.

- Couche application :

Son rôle est de fournir à la couche présentation les traitements réalisés en fonction des requêtes des utilisateurs. Une grande partie de la communication entre la

45

couche application et la couche supérieure est réalisée grâce aux interfaces offertes par le Framework JSF et par les managedbeans.

Ces derniers jouent un rôle particulier entre les contrôleurs définis dans la couche application et les vues. Ce sont des classes Java qui disposent de références sur les composants graphiques affichés sur la vue. A partir de ces classes, il est par exemple possible de désactiver l'affichage d'un champ de formulaire, de griser certains boutons.

- Couche d'accès aux données :

Elle gère l'accès aux données stockées dans la base de données, et se charge des transactions demandées par la couche application. Le Framework Hibernate crée des fichiers de mapping qui transforment les éléments de la base de données relationnelle en objets.

2. Scenario de la génération des ouvrages :

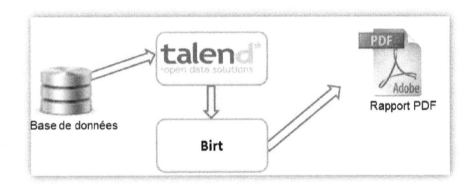

Figure-3-4 : Scénario de la génération des ouvrages

J'ai opté pour l'utilisation de Talend à ce stade, du moment que ma base de données est de grande taille ; elle contient l'ensemble des tables que j'ai conçu ainsi que les tables générées par le script SQL livré avec Liferay. Ainsi, au lieu d'attaquer cette base de données directement avec un outil de reporting « Birt », j'ai créé des jobs sous Talend qui assure l'extraction de données nécessaires, tout en les insérant dans une nouvelle base de données cible.

3. CONFIGURATION DE LIFERAY:

Cette phase concerne la configuration et la préparation de l'environnement de travail.

Durant cette étape, j'ai intégré la base de données de Liferay dans MySQL. Ensuite, j'ai configuré Liferay pour travailler avec MySQL par l'intermédiaire de fichiers « properties ». Après j'ai installé Liferay IDE à partir de l'entrepôt de mise à jour de la version Eclipse Indigo. Et enfin, j'ai intégré le plugin SDK de Liferay dans Eclipse.

3.1. Intégration

C'est durant cette phase que j'ai intégré mes applications développées dans Liferay. Pour cela, j'ai configuré mes portlets (applications développées) selon la spécification JSR168 et les règles de paramétrage Liferay. Ceci est assuré grâce aux « Hot deploy » que propose Liferay pour le déploiement de l'ensemble des applications développées.

4. VUE DE L'INTERFACE DU PORTAIL

4.1. Gestion organisation

La gestion des organisations est prédéfinie dans Liferay. En effet, Liferay offre la possibilité d'avoir plusieurs organisations complètement personnalisables. Les organisations sont ajoutées par le super administrateur. Ensuite, chaque organisation peut être administrée par l'administrateur qui lui appartient.

L'administrateur organisation peut créer les pages de son organisation avec des permissions, choisir un thème pour son organisation, il peut même affecter des utilisateurs.

La figure ci-dessous présente le panneau de commande d'administration d'une organisation :

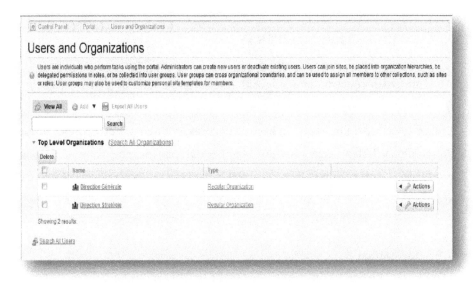

Figure-3-5: Gestion d'organisations et utilisateurs sous Liferay

Dans le cas du présent projet, les organisations seront représentées par des directions, notamment la DG et la DSDI.

Figure-3-6: Informations DG et DSDI

4.2. Interfaces Homme-Machine de l'application :

L'interface homme-machine constitue une étape importante dans l'utilisation de tout système informatique. Elle doit être ergonomique, efficace, facile à utiliser et surtout adaptable au contexte de l'utilisation.

Comme mon projet est divisé en 4 sprints suivant la méthode Scrum, je vais dans cette partie présenter les interfaces homme-machine de chaque sprint.

a) *1er Sprint : La gestion de projet :*

Après l'authentification de l'utilisateur, il est dirigé à son espace de travail selon son rôle où un menu riche est disponible pour lui permettre de choisir les différentes fonctionnalités possibles.

→Menu DSDI :

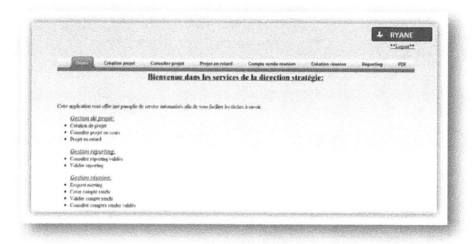

Figure-3-7: Menu DSDI

➔Menu chef de projet :

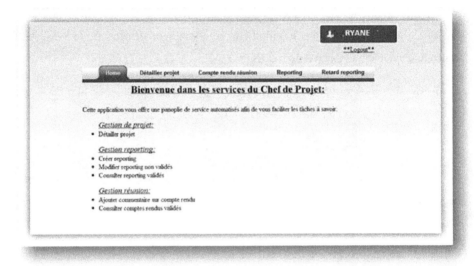

Figure-3-8 : Menu Chef de projet

➔Menu DG :

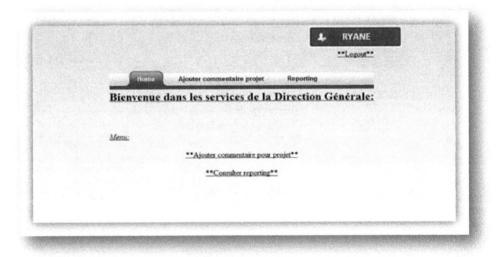

Figure-3-9 : Menu DG

1er cas : L'utilisateur est la DSDI :

Une fois authentifiée, la DSDI a la possibilité de création et de consultation d'un projet.

En choisissant la création de projet, la DSDI doit renseigner un certain nombre d'information à savoir:

- ✓ Intitulé de projet.
- ✓ Fréquence du reporting.
- ✓ Chef de projet.
- ✓ Direction responsable.

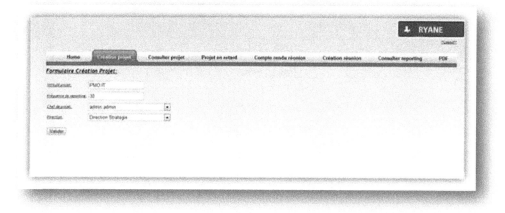

Figure-3-10 : Création de projet (DSDI)

Après validation de la création de projet, un mail d'authentification est envoyé automatiquement au chef de projet concerné et l'invite à se connecter à l'application afin de renseigner ses détails.

En effet, la DSDI peut consulter à tout moment les projets qui sont en retard de reporting par rapport à la fréquence renseignée lors de la création du projet.

51

2ème cas : L'utilisateur est le chef de projet :

Après création de projet par la DSDI, le chef de projet peut renseigner l'ensemble des informations qui le détaille à savoir : le budget, les personnes impliquées, la relation du nouveau projet avec les autres projets existants ainsi que les étapes qui le compose.

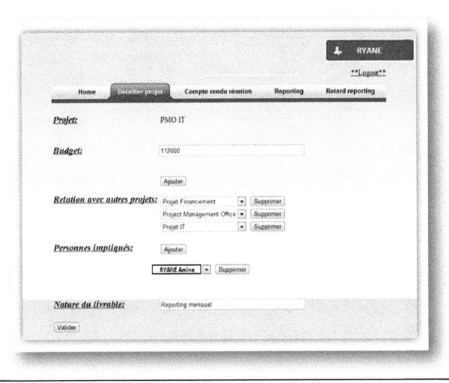

Figure-3-11 : Détailler projet (Schema1) (Chef de projet)

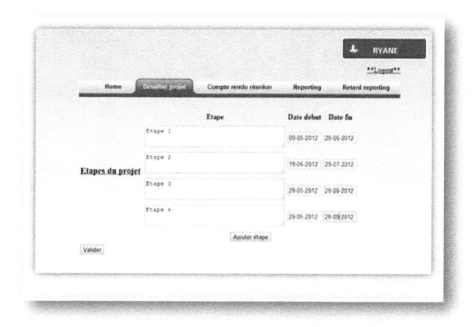

Figure-3-12 : Détailler projet (Schema2) (Chef de projet)

Une fois détaillé, le projet devient consultable pour les différentes parties prenantes et active le « Timer » du reporting suivant la fréquence renseignée lors de sa création par la DSDI.

3ᵉᵐᵉ cas : L'utilisateur est la DG :

Le service offert à la DG à ce stade consiste en l'ajout de commentaire sur l'évolution d'un projet. Elle peut à tout moment commenter sa réalisation et notifie par mail l'ensemble des parties prenantes dans le projet.

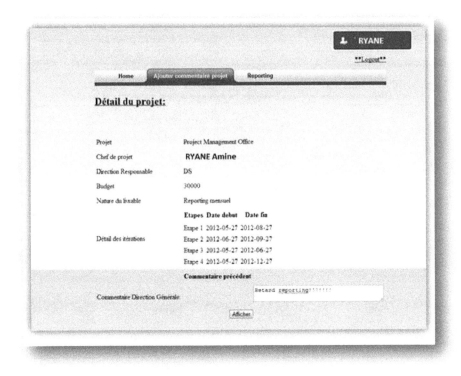

Figure-3-13 : Ajouter commentaire (DG)

En effet, la DG consulte les différentes informations du projet et peut voir aussi l'historique de ses commentaires sur l'ensemble de la réalisation.

b) 2ème Sprint : La gestion de compte rendu et réunion :

Parmi les services offerts à la DSDI, on trouve la création de réunion qui contient un ensemble de champ à remplir, à savoir :

- ✓ La date et l'heure de la réunion
- ✓ Une liste des personnes présentes
- ✓ L'ordre du jour de la réunion
- ✓ Une sélection des projets concernés par la réunion

54

Figure-3-14 : Créer réunion (DSDI)

Après avoir confirmé les données saisies, l'ensemble des parties prenantes de la réunion seront notifiées par un « RequestMeeting » via Microsoft Outlook avec l'ensemble des informations renseignées.

La DSDI dispose aussi d'un menu de gestion de comptes rendus de réunions.

Figure-3-15 : Menu compte rendu (DSDI)

Elle peut choisir entre :

✓ Créer un compte rendu.

✓ Valider un compte rendu.

✓ Consulter l'archive des comptes rendus.

Une fois un compte rendu créé par la DSDI, les chefs de projets sont notifiés par mail qu'un compte rendu a été établi et qu'ils doivent fournir un commentaire sur ce dernier.

Figure-3-16 : Ajout commentaire compte rendu (Chef de projet)

Après avoir renseigné tous les commentaires demandés, la DSDI peut valider le compte rendu qui sera archivé par la suite et devient consultable sous format PDF.

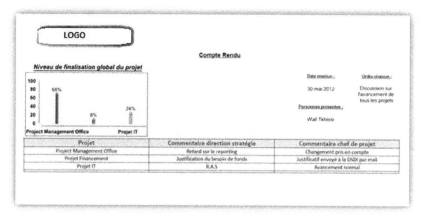

Figure-3-13 : Livrable compte rendu PDF (DSDI)

c) *3ème Sprint : La gestion du reporting :*

La DSDI et les chefs de projets disposent, tous, d'un menu de reporting.

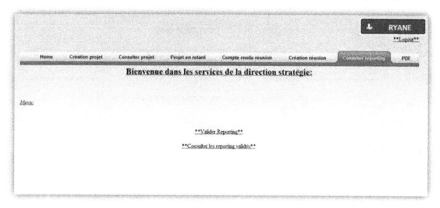

Figure-3-18 : Menu reporting (DSDI)

La DSDI peut :

   ✓ Valider un reporting

✓ Consulter tous les reportings validés

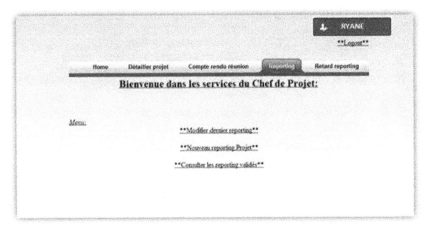

Figure-3-19 : Menu reporting (Chef de projet)

Quant au chef de projet il peut :

✓ Créer un nouveau reporting

✓ Modifier un reporting non-valider par la DSDI

✓ Consulter tous les reportings validés propre à lui.

Le choix de la création d'un nouveau reporting redirige le chef de projet vers une page qui contient les informations sur le projet sélectionné, plus un formulaire à renseigner avec les différentes données du reporting pour chaque étape :

✓ Niveau de finalisation.

✓ Faits marquants.

✓ Prochaine étape.

✓ Alerte.

✓ Arbitrage.

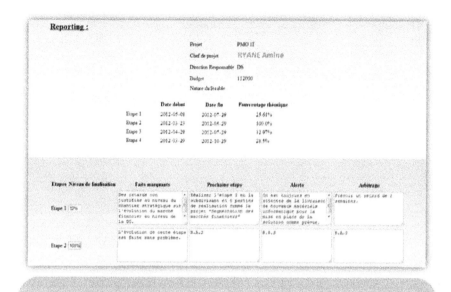

Figure-3-20 :Reporting projet (Chef de projet)

Après avoir rempli les données de reporting, la DSDI est notifiée par mail qu'un reporting doit être validé.

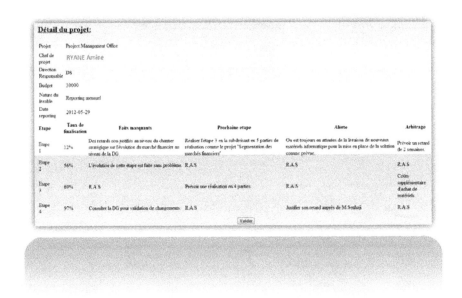

Figure-3-21 : Validation reporting projet (DSDI)

Une fois validé le compte rendu devient disponible sous format PDF avec des graphes illustrant le niveau de finalisation global du projet, l'évolution de ses étapes en plus des informations renseignées lors de la saisie.

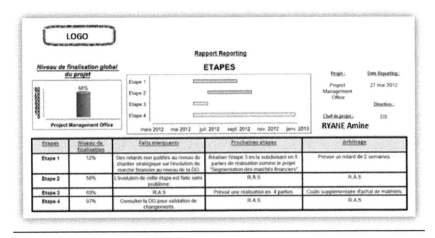

Figure-3-22 : Livrable Reporting projet PDF

CONCLUSION GENERALE

L'environnement actuel des entreprises et des marchés, impose aux chefs de projets de garder une vue instantanée de l'avancement des projets ainsi que l'amélioration de la gestion de leurs livrables reporting.

Afin d'atteindre les différents objectifs ciblés, j'ai adopté les principes de l'agilité en optant Scrum comme méthodologie de conduite de projet. De ce fait, j'ai décomposé mon projet en plusieurs itérations. Ainsi, j'ai commencé par une étude approfondie de l'existant, et du processus d'analyse actuel pour dégager les faiblesses de ce dernier. Ce qui m'a permis d'avoir plus de visibilité sur le besoin et d'aboutir aux solutions correspondantes, qui seront réalisées en plusieurs phases.

Pour aboutir à mes objectifs, j'ai en premier temps essayé de dégager les besoins fonctionnels de la DSDI en respectant les procédures métiers et en mettant en cause le système existant. Cette étude préliminaire m'a permis de dégager les défaillances de ce système et d'entreprendre une étude conceptuelle détaillée afin de bien structurer mon projet, pour obtenir enfin une solution capable de satisfaire les besoins de la direction.

Après avoir terminé la phase de réalisation, j'ai entamé une période de test s'étalant sur quinze jours qui m'a permis de corriger quelques problèmes liées au déploiement et à l'accès concurrents à la base de données. Cette phase de test a été une étape très importante aux utilisateurs pour se familiariser avec la nouvelle solution et comprendre son fonctionnement. Elle a été conclue avec des présentations de formation illustrant en détail toutes les fonctionnalités offertes par le système.

En perspectives de ce projet, il convient d'insérer un module de traçabilité des opérations qui permet de mieux identifier les responsables de chaque opération.

Pour finir, cette période de PFE au sein de cet OF, m'a permis de faire un premier pas vers l'intégration du monde professionnel, et m'a munis de l'expérience nécessaire à la réussite d'une telle insertion.

BIBLIOGRAPHIE

[Manning, 2011] Brian Kim, Liferay in Action. *The Official Guide to Liferay Portal Development Foreword by* September, 2011. Edition Manning 2011.

[TOS FOUNDATION, 2008] Documentation officiel de Talend Open Studio, Talend Open Studio Foundation V080721 (2008), Document de formation Talend, Réf: Page 25

[BIRT] Documentation officiel Eclipse, support de Formation Birt Fr V0.6, Document de formation Birt, Réf : Page 25

WEBOGRAPHIE

[WEB 02] http://fr.wikipedia.org/wiki/Scrum_(m%C3%A9thode): Méthodologie de conduite de   projet SCRUM

[WEB 03] www.timwi.com/documents/slides/elsa/Scrum_v0r3.pdf: Scrum, tour d'horizon de la méthode.

[WEB 04] http://fr.wikipedia.org/wiki/Diagramme_des_cas_d'utilisation: Présentation du Use Case

[WEB 05] http://fr.wikipedia.org/wiki/Diagramme_de_classes: Présentation du diagramme de classe

[WEB 06] http://fr.wikipedia.org/wiki/Architecture_trois_tiers: Présentation de l'architecture trois tiers

[WEB 07] http://fr.wikipedia.org/wiki/Modele_Vue_Controller: Modèle MVC

[WEB 08] http://www.thereverside.com/tt/articles/article.tss?l=J2EE-vs-DOTNET

[WEB 09] http://fr.wikipedia.org/wiki/Eclipse: Présentation de l'IDE Eclipse

[WEB 10] http://fr.wikipedia.org/wiki/Apache_Ant: Présentation sur Apache Ant

[WEB 11] http://fr.wikipedia.org/wiki/Star_Uml: Description de Star UML

[WEB 12] www.mysql.fr/why-mysql/: Site officiel de MySQL

[WEB 13] http://fr.wikipedia.org/wiki/Hibernate: Présentation de Hibernate

[WEB 14] mbaron.ftp-developpez.com/javaee/jsf.pdf: Tutoriel JSF

Annexe A

Diagrammes d'état transitions

Dans le cas de mon application, l'objet qu'on a choisi est le module gestion de projet dont le schéma ci-dessous représente les différents états transitions :

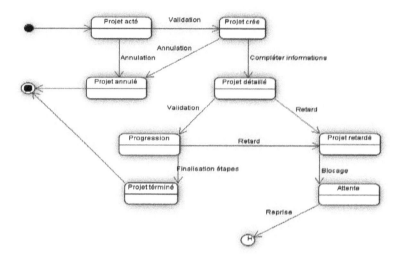

Figure 2-15 : Diagramme d'Etats transitions de l'objet « projet »

Une fois le projet est acté par la direction générale, il passe à l'étape de création prise en charge par la direction stratégie qui précise un certain nombre d'informations qui vont être complétés par le chef de projet. Après l'avoir détaillé, le projet passe en étape de progression afin d'accomplir l'ensemble des étapes prescrites lors de sa création.

Annexe B

Diagrammes de séquence

1-Authentification :

Ce module concerne l'ensemble des parties prenantes dans l'application, avant de charger la page d'accueil adéquate l'identification de l'acteur est une étape nécessaire qui permet de cerner ses rôles et ses services.

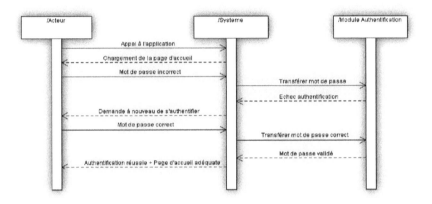

Figure 2-16 : Diagramme séquence d'authentification

2-Gestion de compte rendu pour CP :

Ces modules complets le précèdent dans un volet où le chef de projet interagit avec l'application pour valider ou modifier les PV après l'envoi de la part de la direction stratégie.

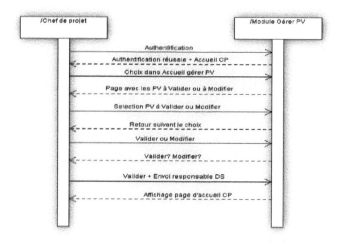

Figure 2-17 : Diagramme de séquence de gestion de compte rendu CP

3-Modification projet pour DS :

C'est dans ce module que s'effectue La modification des informations d'un projet donné en offrant une interface avec des champs éditable.

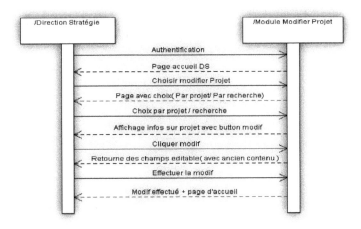

Figure 2-18 : Diagramme de séquence de Modification projet

4-Saisie de données de reporting :

Ce module est géré par le chef de projet, il permet de faire la saisie des données importantes pour le reporting concernant un projet donné.

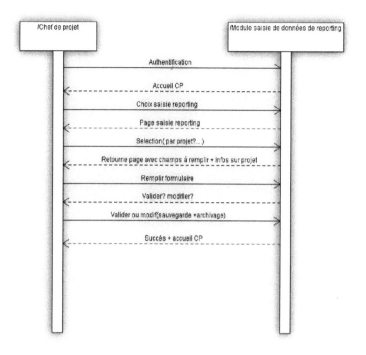

Figure 2-19 : Diagramme de séquence de saisie de données reporting

5-Consulter les reporting et les PV :

Ce module est géré par la direction générale. il permet aux décideurs de consulter les ouvrages de reportings pour voir l'avancement des projets, il offre aussi une interface de consultation pour les PV des réunions afin de voir les différentes actions menées par l'ensemble des parties qui interviennent dans les étapes de réalisation.

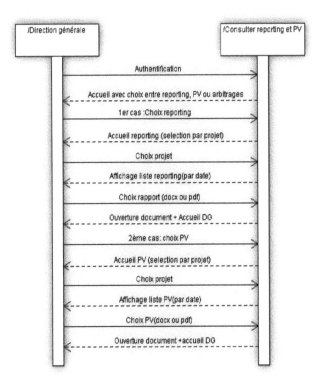

Figure 2-20 : Diagramme de séquence de consultation de reporting et compte rendu

6-Détailler projet :

Ce module est à la charge du chef de projet. Il lui permet de renseigner les détails concernant un projet déjà créé par la direction stratégie.

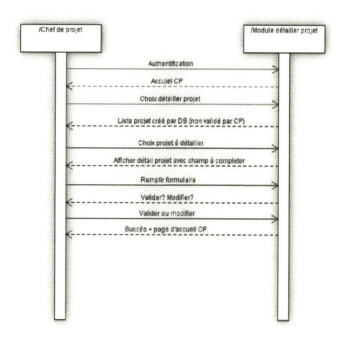

Figure 2-21 : Diagramme de séquence « détailler projet » CP

www.ingramcontent.com/pod-product-compliance
Lightning Source LLC
LaVergne TN
LVHW042345060326
832902LV00006B/396